DU PAIEMENT

DES

DÉPENSES PUBLIQUES.

IMPRIMERIE DE FAIN, PLACE DE L'ODEON.

DU PAIEMENT,

DE LA JUSTIFICATION,

ET

DE LA COMPTABILITÉ

DES

DÉPENSES PUBLIQUES.

.... Sit, quod vis, SIMPLEX duntaxat et *unum.*
(HORAT. de Arte poëticâ.)

PARIS.

DELAUNAY, LIBRAIRE, PALAIS-ROYAL,

GALERIE DE BOIS.

1819.

QUELQUES journaux et écrits périodiques ont publié des observations relativement à un nouveau mode d'après lequel serait établi et rendu le compte de chaque département ministériel ; c'est une question d'un très-grand intérêt , et qu'on aurait tort de rejeter dans les détails de comptabilité. Il s'agit d'une mesure qui touche le principe constitutionnel de la *responsabilité des ministres*, puisqu'elle a pour objet la preuve de l'exécution du budget. Cet intérêt devient plus vif encore dans le moment actuel, et il est à regretter que, mettant de côté l'humeur et la plaisanterie , les auteurs anonymes ou pseudonymes des différens articles réunis dans ce recueil, ne se soient pas livrés à une dissertation grave d'un objet aussi important. Néanmoins , comme il doit devenir un jour la matière de discussions dans l'examen et le débat des comptes ministériels , nous avons pensé qu'il pourrait être utile de fixer plus particulièrement l'attention sur quelques réflexions impartiales , et qui nous paraissent le fruit d'une longue expérience.

DU PAIEMENT

DES

DÉPENSES PUBLIQUES.

<div align="center">~~~~~~</div>

A M. LEFRANC, ANCIEN COMPTABLE.

Paris, le 8 mars 1819.

LA 13ᵉ. livraison de *la Boussole* m'a apporté, monsieur, votre réponse du 23 février ; le ton qu'autorise votre nom s'est peut-être écarté quelquefois de la politesse, mais moi qui suis bon homme, je ne m'offense de la forme que lorsque le fond est mauvais ; or, sur quelques points, je me trouve trop complétement d'accord avec vous pour refuser de vous donner raison. Vous reconnaissez la nécessité,

1°. De conserver pour les paiemens une classe distincte de comptables chargés du service réuni de tous les ministères ;

2°. De réunir, entre les mains des payeurs, les pièces justificatives de la dépense aux quittances et mandats de paiement ;

3°. De soumettre à la cour des comptes l'examen et le jugement des comptes généraux , *appuyés des justifications de dépenses et des preuves du paiement* des sommes ordonnancées et employées par chaque ministre sur les fonds qui lui sont accordés par le budget législatif.

Vos franches explications nous mettent d'accord sur ces trois points; mais souffrez , monsieur, que, quittant le ton du badinage qui vous déplaît , je vous demande si vous avez bien sérieusement réfléchi au projet de diviser *la direction des dépenses* instituée au trésor , en six agences comptables placées dans les divers ministères. Je vous ferai à ce sujet, très-poliment, quelques questions. Résulte-t-il , de ce nouvel ordre de choses, quelques simplifications dans les rapports des payeurs ? quelque économie dans les frais d'administration? Un seul directeur des dépenses, placé au trésor sous les yeux du régisseur de la fortune publique, qui tient à sa disposition tous les moyens de contrôle et de surveillance, n'est-il pas préférable à six agens comptables, dont la marche divergente troublerait bientôt l'ordre et l'harmonie dans la comptabilité des payeurs? Enfin, le sytème d'unité qui règne dans le ministère, dans le budget, dans le compte de l'état, ne se retrouve-t-il pas dans une seule direction des dépenses? La situation indépendante de cette institution qui se rattache par des liens indirects à tous les ministères , qui suit leur impulsion régulière, qui est toujours prête à leur fournir des renseignemens positifs de comptabilité, n'offre-t-elle pas plus de garantie à l'intérêt de l'état que cet agent comptable au choix, sous les ordres et l'influence du ministre ordonnateur, dont la gestion financière doit être éclairée par le compte de cet agent ? Je pourrais étendre le nombre de ces questions, mais en voilà assez pour vous suggérer de mûres réflexions, et surtout pour vous convaincre que bien loin de supprimer la *Direction des dépenses*, on consolidera cette utile institution, 1°. en lui rendant les écritures des payeurs, parce que ce sont des déclarations qui doivent nécessairement se rapprocher des preuves, c'est-à-dire, des acquits de paiement ; 2°. en chargeant le directeur de refondre en comptes généraux, par ministère, les élémens des comptes partiels des payeurs ; 3°. en donnant à ce directeur comptable l'autorisation de délivrer aux payeurs des décharges qui opèrent provisoirement leur prompte libération vis-à-vis la cour des comptes. Ces améliorations sont indiquées par l'expérience, et réclamées par l'intérêt des comptables; on doit donc penser qu'elles se réaliseront.

J'arrive à l'interpellation un peu brusque *(qui a pu imaginer de semblables absurdités ?)* que vous m'adressez au sujet du dépôt paisible des pièces jus tificatives de la dépense dans les archives du ministère. J'aurais eu la discrétion de ne pas vous répondre, monsieur, pour ne pas vous révéler les noms d'hommes très-estimables, qui voudraient depuis long-temps greffer ces idées fort étranges,

4

je l'avoue , sur la comptabilité ministérielle. Heu-
reusement le Moniteur (3 mars 1819) vient à mon
secours , et les éloges en petit texte prodigués à un
essai intitulé : de la *Réforme de la législation militaire*, ont fixé mon attention sur les principes
de l'auteur en matière de comptabilité. Son plan
est plus simple et plus économique que le mien ,
et désormais le commis d'ordre , ou le garçon de
bureau devient inutile ; il faudra tout au plus une
paire de lunettes pour secourir de mauvais yeux.
Lisez page 299 :

    « *Quiconque a reçu le pouvoir d'ordonnancer*
» *des fournitures d'argent ou d'autre matières , dis-*
» *pose du montant de ses crédits sous sa responsa-*
» *bilité. Sa déclaration d'avoir* vu *les pièces qui*
» *motivent son ordonnance , et la citation des lois*
» *dont il s'appuie, sont des garans suffisans de la*
» *justesse de ses opérations ; il ne produit les pièces*
» *que quand des débats mettent l'autorité supérieure*
» *ou les parties dans la nécessité d'en acquérir la*
» *production* (1).

    Admirez donc , et n'en faites pas honneur à mon
cerveau ; il n'est pas si fécond. D'ailleurs , toutes
les fois qu'on réveille cette question de la justification des dépenses , je relis un mémoire que les

---

(1) Les employés du ministère peuvent-ils bien *lire* toutes les
pièces dont chaque courrier leur apporte un monceau des quatre-
vingt-six départemens ? Un intendant peut-il bien *lire* ou *faire
lire* les seules dossiers qui accompagnent les revues ? (Note de
l'auteur de la Réforme , etc.)

commissaires de la trésorerie nationale publièrent en l'an 8 de la république, en réponse à des attaques semblables à celles qui se renouvellent aujourd'hui ; je vous en envoie extrait : je vous engage tout *simplement* à le lire, et vous êtes trop *franc* pour ne pas convenir que ces sages et solides observations renversent tous ces nouveaux systèmes que chaque jour voit éclore.

Recevez, etc.

SIMPLEX,

ANCIEN DIRECTEUR DES COMPTES.

PIÈCES.

Extrait d'un mémoire présenté au corps législatif par les commissaires de la trésorerie, le 13 vendémiaire an 8, en réponse au rapport fait par le représentant Poulain-Grandprey, le 26 floréal an 7.

En appelant votre attention sur la surveillance des recettes, nous vous avons déjà fait entrevoir qu'il existe aussi des difficultés sur la surveillance des dépenses, et nous allons vous soumettre celles qui nous ont principalement frappés.

Aucune dépense ne doit être faite pour le compte de la république, si ce n'est d'après une loi, une décision du directoire ou une ordonnance du ministre autorisé par la trésorerie nationale.

Il ne faut pas croire que ces formalités soient difficiles à remplir, et puissent arrêter la marche du service; elles auraient dû être rejetées, si tel pouvait être leur effet; mais elles sont au contraire si faciles à exécuter que dans tous les cas les ministres ordonnateurs peuvent, avec un peu de prévoyance, les faire remplir exactement.

On ne doit pas être effrayé de quelques embarras qu'ont éprouvés différens services; ce n'est pas à la nécessité de remplir les formalités, mais au défaut de fonds qu'il faut les attribuer. Les dépenses peuvent être classées en deux parties principales; l'une composée de la solde, des traitemens, des salaires, et des rentes et pensions; l'autre, du prix des approvisionnemens et des fournitures.

Pour faire acquitter la première partie, il n'est pas difficile aux ministres ordonnateurs de faire justifier, par les parties prenantes, du titre aux fins duquel elles touchent; et, si quelque précaution pouvait paraître nécessaire à ajouter aux états de ces paiemens, ce serait peut-être d'exiger que toute ordonnance pour paiement d'appointemens ou traitemens référât la loi par laquelle la place a été créée.

La seconde partie des dépenses devait, dans l'ancienne comptabilité, être appuyée des traités passés avec les fournisseurs, et des pièces justificatives de ce qu'ils avaient fourni et livré. Cet usage s'est en partie anéanti depuis l'an 4; quelques ministres ont cru devoir l'exiger, d'autres l'ont exigé quelquefois, et souvent en ont dispensé les parties prenantes. Il en résulte que la trésorerie nationale a payé des sommes considérables sans avoir, au soutien de ses paiemens, d'autres pièces justificatives que des ordonnances qui ne sont appuyées d'aucune preuve de fourniture ou de livraison.

Il n'est pas nécessaire de s'appesantir sur les inconvéniens d'un pareil système, pour faire sentir la nécessité d'y remédier. Les fonds publics n'appartiennent pas au ministre qui ordonnance une dépense; ces fonds ne sont mis à sa disposition

que pour payer des fournitures faites, et à des créanciers lé-
gitimes : il doit, non-seulement s'assurer de la légitimité de
leurs créances avant d'en ordonner le paiement, mais leur
prescrire de joindre à leur quittance les pièces qui ont établi
cette légitimité.

Si dans quelques cas extraordinaires un ministre croit devoir ordonnancer par avance, et que la loi ne lui interdise pas
cette faculté, au moins doit-il l'exprimer dans son ordonnance, de manière que celui qui aurait reçu une avance soit
obligé de justifier de l'emploi qu'il en aurait fait, et que cette
partie de dépense, comme toutes les autres, finisse par être
appuyée de pièces justificatives.

En vain la constitution aurait prescrit à la trésorerie de présenter le compte général des dépenses appuyé de pièces justificatives; en vain elle aurait prescrit aux commissaires de la
comptabilité nationale de dénoncer les abus, si l'emploi d'une
grande partie de la fortune publique pouvait être fait sans
que les parties prenantes fussent tenues de justifier de leur
droit au paiement ordonnancé à leur profit.

Dirait-on qu'il suffit qu'elles en aient justifié au ministre;
que, tant que celui-ci n'a pas excédé son crédit, on doit s'en
rapporter à sa bonne foi sur la légitimité des dépenses qu'il
ordonnance; et qu'enfin chaque ministre devant rendre un
compte public de son administration, on doit lui laisser au soutien de ce compte les pièces justificatives de ses ordonnances.

La réponse se présenterait d'elle-même : 1°. Si le ministre
ordonnateur, jaloux de remplir ses devoirs, n'ordonnance aucun paiement sans avoir pris les précautions nécessaires pour
s'assurer de la légitimité de la créance, il doit être le premier
à désirer que sa bonne foi et son intégrité soient justifiées par
la remise des pièces justificatives au soutien du paiement; et
c'est ainsi qu'en pensent sans doute les différens ministres qui
l'ont toujours exigé;

2°. Si au contraire, soit désordre dans l'administration, soit défaut de précaution, un intrigant pouvait obtenir des ordonnances sans avoir justifié la légitimité de sa créance, il serait également avantageux, et à l'intérêt public, et au ministre trompé, que la trésorerie pût arrêter le paiement faute de remise de ces pièces;

3°. Le compte public de chaque ministre de la dépense par lui faite n'est point exigé appuyé de pièces justificatives, comme celui que doit présenter la trésorerie nationale. Le ministre ordonnateur n'aurait donc aucun motif de ne pas faire remettre par les parties, au soutien des paiemens qu'il ordonne, les pièces justificatives de leurs créances;

4°. Enfin, si l'expérience du passé doit nous servir d'instruction pour l'avenir, nous n'avons déjà que trop d'exemples d'erreurs dans lesquelles ont été entraînés les ministres, et dans lesquelles on n'eût pu les faire tomber, si les parties n'avaient pu obtenir des paiemens sans être tenues de remettre toutes les pièces justificatives de leurs dépenses.

Déjà plus d'une fois le comité de trésorerie a appelé l'attention du corps législatif et du directoire exécutif sur cet important objet; et, comme il faut que la trésorerie nationale présente le compte général des dépenses appuyé des pièces justificatives, le corps législatif ne peut trop tôt déclarer s'il suffira de l'ordonnance d'un ministre pour justifier une dépense, ou si le porteur de cette ordonnance doit remettre au soutien les pièces qui justifient la créance qu'on lui paie.

Le porteur d'une inscription sur le grand livre, le pensionnaire breveté, le fonctionnaire nommé par le peuple ne peuvent rien recevoir au trésor public sans des formalités multipliées, et sans qu'il y reste des pièces justificatives; le militaire lui-même ne peut être payé, s'il ne fournit, au payeur qui acquitte sa solde, un état de revue qui justifie la légitimité du paiement; pourquoi les fournisseurs seraient-ils les seuls exempts de remettre, au soutien de leurs acquits, les pièces justificatives de la dépense qu'on leur paie?

Il ne faut pas croire que la trésorerie entend se mêler, ni de la nature des fournitures, ni de leur prix; elle n'a point d'autre compte à présenter que celui des sommes reçues et dépensées; ce n'est pas à elle qu'il appartient de juger si les dépenses ont été bien ou mal faites; mais c'est au ministre qui ordonnance la dépense à y mentionner les pièces sur lesquelles il l'a jugée bien faite, et les fonctions de la trésorerie se borneront à exiger que la partie prenante remette ces pièces avec son acquit.

Le compte que présentera la trésorerie n'en sera pas plus difficile; il aura seulement l'avantage d'être appuyé de pièces justificatives, qui seules peuvent mettre la comptabilité nationale dans le cas de reconnaître les abus qu'elle est obligé de dénoncer.

On ne dira pas que, parce que les ministres doivent rendre un compte public de leur administration, ils ont besoin de garder par devers eux les pièces justificatives de la dépense dont ils ordonnent le paiement; il faudrait donc aussi leur laisser les acquits des parties prenantes; car, si l'ordonnateur de la dépense ne reste pas dépositaire de l'acquit, il n'a plus besoin de garder les pièces qui en prouvent la légitimité.

Un exemple rendra plus sensibles encore ces vérités; on joint ici un modèle d'ordonnance pour en présenter l'ensemble sous les yeux.

On y voit d'abord la mention de la loi qui ouvre le crédit, ensuite de la décision du directoire exécutif. La constitution prescrit cette double mention : le nom de la partie est ensuite exprimé, ensuite l'objet de la dépense et les pièces justificatives; enfin l'autorisation de la trésorerie nationale, et l'acquit à donner par la partie.

Admettons tous les ministres observateurs rigoureux de leurs devoirs, et aussi attentifs que réservés dans les dispositions des deniers publics. Ils n'ordonnanceront jamais qu'autant qu'on leur aura justifié de la créance, et alors il ne leur sera pas difficile de mentionner dans la colonne des pièces justificatives celles qui auront déterminé leur ordonnance.

Le payeur averti par cette mention, et responsable du paiement qu'il ferait, sans faire remplir par la partie la condition de la remise des pièces mentionnées, ne manquera jamais de les faire fournir, et le ministre sera certain que, si un jour on lui demande compte d'un paiement qu'il aurait ordonnancé, il se trouvera justifié par les pièces jointes à l'ordonnance et à l'acquit de la partie.

Le ministre ne sera pas moins en état de rendre son compte d'administration ; il pourra au contraire appeler sur ce compte toute la sévérité de la critique, puisqu'il pourra dire qu'il n'a pas été fait un paiement sur ses ordonnances, sans que les parties aient, en donnant leurs acquits, fourni les pièces justificatives constatant que la somme leur était due.

Supposons au contraire un ministre moins attentif à ses devoirs, et se bornant à remplir la colonne des pièces justificatives du mot *néant* ; il courra d'abord le danger d'être trompé par ses subordonnés, et de signer des ordonnances au profit des parties qui auront exagéré leurs prétentions pour obtenir ce qui ne leur est pas dû.

Le trésor public sera dilapidé ; et il le serait bien plus encore, s'il arrivait qu'un ministre, manquant à ses devoirs, ne songeât qu'à s'enrichir aux dépens de la fortune publique ; il lui suffirait d'un complice au profit duquel il ordonnancerait, et qui toucherait le montant des ordonnances, quelle qu'en fût la somme, sans être tenu de justifier qu'il lui fut rien dû.

Il serait donc difficile qu'un ministre, éclairé sur l'importance de ses fonctions et de ses devoirs, pût balancer à provoquer lui-même la nécessité, pour toute partie prenante, de remettre avec son acquit les pièces justificatives.

Mais une dernière considération semble rendre indispensable cette remise. Ce n'est pas assez de n'accorder les contributions qu'avec réserve, de n'admettre dans leur perception que les formes les moins onéreuses, et d'en mettre le produit sous une surveillance sévère, il faut encore en suivre l'emploi, et s'assurer qu'il n'a été détourné ni employé abusivement aucune partie de ce produit.

C'est pour atteindre ce but que la trésorerie et la comptabilité nationale sont établies par la constitution. La comptabilité doit dénoncer les abus qu'elle pourra découvrir ; et il serait presque impossible qu'elle en reconnût, si les dépenses sont payées sur des ordonnances qui ne prescrivent pas la remise des pièces justificatives.

La comptabilité verrait, par exemple, des ordonnances montant à 4,000,000 fr., ayant pour objet des fournitures de chevaux, sans qu'elle pût dire au corps législatif s'il en a été fourni six mille ou dix mille, et s'ils ont coûté 400 fr. ou 600 fr. la pièce.

Elle verrait de même 30,000,000 fr. payés pour fournitures de subsistances, sans qu'elle pût dire combien le trésor public a payé de rations par jour, et si le nombre en est ou non rapproché de celui de l'effectif des armées.

Il en serait de même pour tous les autres objets, tandis qu'au contraire, si les pièces justificatives sont remises au soutien des ordonnances, la comptabilité nationale aura, avec les ordonnances payées à chaque compagnie, les marchés et les réceptions de leurs fournitures, et il lui sera facile de satisfaire aux renseignemens que pourra désirer le corps législatif, et de reconnaître les abus qui mériteront d'être dénoncés.

***

Extrait de la 6ᵉ. livraison de la Boussole.

Janvier, 1819.

On annonce que la direction des dépenses, instituée dans le sein du trésor par l'ordonnance de novembre 1817, va être supprimée, et que cet établissement sera remplacé par

un agent comptable placé prés de chaque ministre ordonnateur. Cet agent serait responsable , et fournirait un cautionnement pour garantie de sa gestion ; il serait chargé , à l'in-
star des anciens payeurs généraux : 1°. d'effectuer à Paris (par
l'entremise du payeur principal des dépenses des ministères)
l'acquittement des ordonnances de son département ministériel ; 2°. de faire opérer les paiemens dans les divisions, ports
ou départemens par des préposés payeurs qui réuniraient,
pour leur arrondissement , le service de tous les ministères ;
3°. de délivrer des décharges comptables à ces payeurs qui, à
la fin de chaque mois, lui adresseront directement leurs acquits ; 4°. de présenter chaque année à la cour des comptes,
dans les six mois suivans, un compte général divisé par exer-
cices, chapitres et articles des paiemens ordonnancés et payés
sur le budjet de chaque ministère. Ce compte , formé des acquits de paiemens , et appuyé de toutes les pièces justificatives
de dépenses (revues, marchés , devis, certificats de livraisons,
décomptes de liquidations , etc.), et de tous les comptes partiels des comptables secondaires en deniers, denrées, matières
et effets , serait, avant la remise à la cour des comptes , vé-
rifié et arrêté par le ministre ordonnateur.

Cet ordre de choses rendra à chaque ministre la responsabilité de sa gestion financière. Après avoir établi et discuté
son budjet des dépenses , il en prouvera la légitimité et la
réalité ; il ne restera au ministère des finances d'autre obligation, pour la dépense, que de faire parvenir à la cour des
comptes, comme contrôle de la recette des ministres ordonnateurs, leurs ordonnances et les récépissés de leurs agens
comptables ; ces pièces opéreront le crédit , et formeront la
décharge des payeurs, dont les bordereaux finaux annuels
parviendront à la cour des comptes par l'entremise de la
comptabilité générale des finances, qui les contrôlera avec
ses écritures (en parties doubles), et vérifiera les recettes
justifiées par les talons des récépissés.

On a enfin bien défini les fonctions des payeurs, en reconnaissant que ce sont des agens mixtes qui, pour la surveillance des fonds, le contrôle des écritures, la garantie pécuniaire, dépendent du ministre des finances; mais qui, pour l'exécution du paiement et l'accomplissement des conditions imposées par les ordonnateurs, doivent être considérés comme les agens des ministères dont ils font le service.

Cette amélioration, due aux vues sages et élevées d'un ministre qui professe les doctrines constitutionnelles, est très-importante dans notre système de finances; elle fait présager la fondation de bonnes et fortes institutions dont les rouages, en se simplifiant, permettront de réaliser les projets d'économie.

Extrait du Journal Général.

21 Janvier 1819.

Un article, inséré dans la *Boussole*, nous porte à croire que l'on s'occupe de régler la comptabilité ministérielle, et que chaque ministre, jaloux d'accomplir le devoir de sa responsabilité, veut rendre lui-même le compte de sa gestion financière : c'est un grand pas vers l'ordre constitutionnel. On ne peut qu'applaudir à l'idée de créer dans chaque ministère un agent comptable soumis à un cautionnement, chargé, non pas d'*effectuer les paiemens à Paris, et dans les divisions, ports et départemens* (comme le dit l'auteur de l'article), mais de retirer des mains des payeurs du trésor les acquits de paiement, et d'en former, avec les pièces justificatives de dépense, un compte général dans la forme du budjet.

Cet article ferait penser que le gouvernement est d'accord

sur deux questions importantes qui depuis long-temps étaient restées indécises : 1°. Que la justification de la dépense doit être inhérente au paiement, et que les pièces qui prouvent l'une et l'autre, ne doivent pas rester divisées entre l'ordonnateur et le payeur ; que le compte sur pièces que chaque ministre rend (par l'entremise de son agent comptable) doit être soumis au jugement de la cour des comptes. Ce corps de haute magistrature, rétabli dans ses importantes attributions, sanctionnera par son témoignage imposant, et affirmera, sur preuves matérielles, la vérité des comptes présentés annuellement aux chambres, ainsi que l'emploi légitime et régulier des deniers de l'état.

Extrait du Journal de Paris.

1er Février, 1819.

Sous un gouvernement sincèrement occupé du bien public, on ne doit point être surpris des changemens qui tendent à donner à l'administration une marche simple et rapide : c'est ainsi qu'on assure que le ministre des finances a l'intention de rendre aux divers ministères la comptabilité de leurs acquits, dont le trésor royal a été chargé jusqu'à ce jour.

De tous les projets présentés pour l'organisation définitive du trésor, c'est, sans contredit, le plus conforme aux principes d'une sage administration. Il est évident que le trésor et ses divers comptables en tireront un grand avantage.

L'imperfection du mode de comptabilité, qui a existé au trésor jusqu'au 1er. janvier 1818, les difficultés sans nombre qui en sont résultées, ont forcé d'avoir recours à une nouvelle forme de comptabilité. Mais cette forme, qui est établie depuis 1818, n'est qu'un palliatif ; elle ne peut pas détruire le mal, parce qu'elle n'en attaque pas la source, parce qu'enfin elle rend toujours le trésor responsable des deniers et des acquits.

En remontant aux principes, le trésor est le dépôt général des ressources pécuniaires du royaume ; c'est à ce dépôt que les ministres puisent les fonds nécessaires pour acquitter, sous leur seule responsabilité, les dépenses de leur budget. Les opérations du trésor doivent se réduire, quant à la dépense, à en justifier par l'acquit des ordonnances des ministres, ou, au moyen des récépissés comptables, délivrés par leurs agens responsables, aux payeurs du trésor en échange des acquits que ces derniers leur remettraient ; cette justification établirait d'un côté les dépenses du trésor, et de l'autre les recettes des ministres.

Ce mode aurait le précieux avantage de simplifier la comptabilité du trésor, et de débarrasser les payeurs des régularisations d'acquits qu'ils sont souvent dans l'impuissance d'obtenir, et qui nuisent toujours à leur prompte libération.

Extrait du Journal Général.

AU RÉDACTEUR

4 Février, 1819.

MONSIEUR,

Dans votre feuille du 21 janvier, dans *la Boussole* et dans *le Journal de Paris*, on a publié et débattu plusieurs plans contradictoires de changement dans la comptabilité des dépenses et de suppression des payeurs de départemens. Je ne doute pas que votre impartialité n'accueille la réclamation d'un vieux payeur d'armée, blessé, gelé, pillé et fait prisonnier sur plusieurs champs de bataille, et maintenant retiré dans une petite place de payeur de département. L'existence des payeurs est menacée ; je viens la défendre : leur utilité est contestée ; j'espère la démontrer.

Il n'est pas dans les habitudes du ministre des finances de

proclamer à l'avance ses projets dans les journaux. Discret, impénétrable, on ne peut dire de lui : *et l'on vante déjà les plans qu'il fait encore*; mais, si l'on voulait surprendre quelque croyance, il ne fallait pas attribuer à ce ministre des projets ridicules et injustes, dès lors indignes de lui. Quoi de plus injuste, de plus contraire à la foi publique et au crédit, que d'enlever tout à coup à cent comptables des places acquises par de longs et utiles services, pour lesquelles ils ont fourni des cautionnemens, qui tout récemment et à deux reprises, en 1816 et en 1818, ont été considérablement augmentés ! Quoi de plus ridicule que de supprimer des fonctionnaires, tellement utiles, tellement nécessaires, que pour remplacer un seul payeur et une seule caisse agissant pour tous les ministères, sous la surveillance du ministre des finances, il faudrait à l'instant créer trois ou quatre comptables, et bientôt après trois ou quatre caisses dans chaque département, à moins que l'on ne rendît les préfets et les intendans militaires préposés de l'agent comptable de chaque ministère, et que ces administrateurs ne devinssent responsables envers cet agent, ou par son intermédiaire envers la cour des comptes. Les payeurs supprimés auraient droit à des retraites et au remboursement de leurs cautionnemens. Au lieu d'une économie, ce plan causerait un surcroît de dépense ; au lieu de simplifier, il compliquerait le service. On ne peut alléguer le besoin d'un meilleur ordre de comptabilité. Le régime des trésoriers généraux des ministères, et de la réunion des recettes et des paiemens par les mêmes agens existait avant la révolution ; on n'a pas oublié les désordres, les abus et les banqueroutes qui en sont résultés. Beaucoup de comptes ne sont pas encore et ne seront jamais terminés ; maintenant il n'est pas de comptabilité mieux tenue, *plus à jour* que celle des payeurs ; la désorganisation n'a pas encore pénétré dans leur comptabilité. Il n'existe pas de comptables plus exacts, plus fidèles ; c'est une justice qui leur est généralement rendue par les nombreux agens et les innombrables créanciers de tous les ministères.

Faire juger par la cour des comptes les motifs des ordonnances et les causes des dépenses, serait une innovation impraticable dans l'exécution, et *inconstitutionnelle.* Cette cour a été instituée pour juger les comptables, et non les administrateurs. C'est envers les chambres que les ministres ordonnateurs sont responsables ; soumettre même indirectement les ministres aux arrêts de la cour des comptes, qui fait partie de l'administration, ce serait désorganiser l'administration, ce serait confondre toutes les idées et tous les rangs, et détruire la véritable responsabilité ministérielle. Il arriverait que l'agent, responsable des motifs des ordonnances, pourrait refuser obéissance aux ministres, en substituant sa responsabilité à la leur. A une accusation portée aux chambres, on verrait les ministres opposer un *quitus* de la cour des comptes. Si donc les ministres, ce que j'ai peine à croire, consentaient à soumettre leurs ordonnances à la cour des comptes, les chambres devraient s'y opposer. Les vrais principes de la comptabilité, souvent invoqués, ont été reconnus de nouveau en janvier 1815 ; les archives de la cour des comptes et celles du conseil d'état en fourniraient au besoin la preuve.

D'où peuvent donc venir ces attaques répétées et ces bruits de suppression ? de ces *faiseurs de projets,* qui, dans l'ombre des bureaux, tourmentés de leur inutilité, avides d'importance, au lieu d'étudier, de respecter, d'améliorer, s'ils peuvent, les institutions de leurs prédécesseurs et de leurs maîtres, se hâtent, avant l'âge d'expérience, d'enfanter plans sur plans ; inhabiles à perfectionner, incapables de créer, ils ne savent que rêver le renouvellement de gothiques abus, que renverser et détruire ; ils s'extasient devant leurs ébauches ; et si un ministre éclairé et prudent les écarte, ou en diffère l'examen, ils en appellent au public ; à défaut d'applaudissemens, ils se complaisent dans les alarmes qu'ils répandent; ils se consolent des bouleversemens qu'ils ne peuvent exécuter par ceux qu'ils méditent; fleaux des administrations, ils en compliquent toutes les parties à force de simplifications; ils multiplient les employés à force de suppressions; ils doublent les dépenses à force d'économie; en un mot ils désorganisent tout à force d'organisation.

Il faut des économies sans doute; mais elles ne peuvent être prises sur des payeurs, les plus mal payés de tous les comptables des finances. Si vous voulez bien m'accorder encore quelques lignes; j'indiquerai des moyens faciles et des sources abondantes d'économies, sans sortir des comptables des finances.

Un vieux payeur d'armée, payeur de département.

Extrait de la 10e. livraison de la Boussole.

8 Février, 1819.

Nous avons annoncé dans notre sixième livraison, et le *Journal Général* a confirmé, le 21 janvier, le projet de laisser à chaque ministre le soin de rendre les comptes des fonds affectés à son département, et de réduire celui du ministre des finances, en ce qui concerne le paiement des dépenses de l'état, à la simple présentation (à l'appui des comptes des payeurs) des ordonnances ministérielles délivrées sur les budjet législatifs. Ce plan a trouvé plus de détracteurs que de critiques. Mais, dans le moment où l'on s'occupe à régler la responsabilité des ministres, peut-on supposer que le ministre des finances consente à ajouter à la sienne celles de ses collègues, et qu'il prenne sur lui l'obligation de rendre le compte justificatif et détaillé des dépenses de chaque département ministériel? On espérerait en vain le séduire par l'idée que la réunion au trésor des comptes généraux des ministres soumettrait à son investigation toutes les dépenses de l'état, et, à sa censure, la nature et la légitimité des créances. Le ministre des finances repousserait sans doute un semblable *contrôle général*, incompatible avec nos institutions ; il le regarderait comme une usurpation sur les attributions des autres ministres ordonnateurs : il est de son intérêt de se borner, quant aux paiemens, aux fonctions d'*intendant général du trésor*, c'est-à-dire, à ouvrir les caisses publiques dans les temps et lieux convenables, pour appliquer les fonds des recettes à tous les services de dépenses réglées par le budget législatif.

Les réflexions contenues à ce sujet dans le *Journal Général* sont fort sages, et nous croyons qu'on pourrait y ajouter celles-ci : La suppression de la *direction des dépenses*, instituée dans le sein du *trésor royal*, et la création d'un agent comptable près du directeur de la comptabilité générale de chaque ministère, rentrent dans les principes dont on s'est écarté toutes les fois que l'action du trésor ne s'est pas bornée à payer, en se renfermant dans les limites du budget. Les fausses idées entraînent l'abus des mots, et c'est ainsi que la division du trésor royal, chargée de la *direction des paiemens*, a pris le titre de *direction des dépenses* (1), comme s'il était possible que la direc-

---

(1) L'auteur s'applaudit sans doute du puéril jeu de mots par lequel il croit attaquer la *direction des dépenses* instituée au *trésor royal*, en prétendant que ce n'est qu'une *direction de paiemens et de comptes*. On pourrait admirer la subtilité de cette définition si elle était juste ; mais elle est inexacte ; d'abord, lorsqu'on est convenu de nommer *recette* l'entrée des écus dans une caisse, il est permis de nommer par opposition *dépense* le paiement ou la sortie de ces écus. Mais, renonçant à ces discussions grammaticales, il n'est pas difficile de prouver que cette dénomination, *direction des dépenses*, appartient bien à une institution chargée par tous les ministres ordonnateurs de transmettre à chaque payeur leurs instructions, réglemens, décisions et arrêtés,

tion des dépenses fût placée ailleurs que près du ministre qui les crée, qui les ordonnance, les liquide et en rend compte.

On voit également, dans le nouveau mode de reddition des comptes ministériels de dépenses, deux améliorations qui doivent frapper : 1°. Le compte final que chaque payeur rend à la fin de l'année se justifiera, pour la dépense d'un ministère, par douze récépissés ou décharges d'un agent comptable ; tandis qu'aujourd'hui ce compte partiel exige plusieurs mois, à raison du détail nécessaire de quelques milliers de pièces ; 2°. le compte général que chaque ministère rendra, dans la forme du budjet, par les soins de son agent comptable, et qu'il justifiera, par les preuves réunies, de la dépense et du paiement, et classé par chapitres et articles, sera bien préférable, sous le rapport de la vérification et du redressement des erreurs ou doubles emplois, à cette récapitulation générale, appelée compte, que le directeur des dépenses du trésor devait former de tous les comptes fractionnaires des payeurs.

Extrait du Journal Général.

AU RÉDACTEUR.

11 Février, 1819.

Monsieur,

Le ton qui règne dans l'article du *Journal Général* du 4 de ce mois, en réponse aux réflexions insérées précédemment

ainsi que les lois ou ordonnances royales qui ordonnent les dépenses, en règlent la justification et le paiement ; car, sous tous ces rapports, la *direction des dépenses* participe de l'*état mixte des payeurs*, qui, sans être dans la dépendance immédiate et exclusive des ministres ordonnateurs, se rattachent alternativement à chacun d'eux par les rapports qui lient la comptabilité à l'administration.

(*Note de M. Simplex.*)

dans le même journal sur l'organisation des dépenses du trésor royal, ne permet pas de douter que l'auteur de cet article, qui se dit un vieux payeur d'armée, gelé, pillé et retiré dans une petite place de payeur du département, n'ait été plus inspiré par le chagrin des pertes qu'il a pu faire que par le désir d'être encore utile dans sa retraite, en émettant avec calme son opinion sur des réflexions présentées de bonne foi et sans aucun motif d'intérêt personnel.

Je désire donner des raisons à celui qui signe *le vieux payeur*, et conséquemment ne pas me servir envers lui d'expressions désobligeantes. Je me contenterai de le plaindre de n'avoir vu que catastrophes, désorganisations et suppressions de payeurs de départemens dans des articles où il est justement question de charger ces derniers de remettre aux agens comptables des ministères les acquits qu'ils envoient au trésor royal ; car, quant aux autorisations de paiemens, elles doivent, comme de coutume, émaner toutes du trésor, puisqu'elles résultent de la remise qui lui est faite des ordonnances ministérielles. Je crois qu'on ne pourrait rien changer à cet égard sans bouleverser l'ordre.

Si, à l'occasion de ces articles, l'auteur de celui du 4 février a voulu tonner contre le projet suranné tendant à charger les receveurs généraux des fonctions attribuées aux payeurs, son intention est louable ; et je pense comme lui qu'il y aurait confusion, si on mettait dans la même main le service des recettes et celui des paiemens ; mais il était seulement convenable d'exprimer des doutes, et d'opposer le raisonnement aux erreurs qu'il a cru apercevoir ; cela n'aurait pas fait peut-être le compte du vieux payeur ; comme il a un projet d'économie à présenter, il a lui paru nécessaire, pour attirer l'attention sur ce projet, de chercher à écarter ceux qui l'ont précédé.

J'ai eu la curiosité de connaître les articles de la *Boussole* et du *Journal de Paris* qui ont tant contribué à exciter l'humeur du vieux payeur, je n'y ai rien aperçu qui pût l'autoriser. Il n'y est pas du tout question de suppressions de payeurs, ni de faire juger par la cour des comptes les motifs des ordonnances. Les auteurs de ces articles ont eu uniquement l'intention de provoquer une discussion de principes, parce que c'est le seul moyen d'aller au bien. Je conçois qu'un vieux payeur peut ignorer cela, mais rien ne le dispense de politesse envers tout le monde. Quelle confiance pourra inspirer le projet d'économie qu'il nous promet, s'il joint le manque d'égards au défaut de voir les choses sous un faux jour ?

(Un de vos abonnés.)

Extrait du Journal Général.

AU RÉDACTEUR.

22 Février, 1819.

Monsieur,

Éveillé par le bruit des plans de *comptabilité ministérielle* que chaque matin nous communiquent les journaux, je vais soumettre le mien aux hommes qui s'occupent de ces matières : je me persuade qu'il sera adopté avec empressement, puisqu'il procurera aux ministres un mode *simplifié* pour la reddition des comptes justificatifs des dépenses payées sur leurs ordonnances.

La comptabilité des payeurs, tranformés en caissiers, ou mieux encore remplacés par les receveurs généraux des finances, serait entièrement dégagée des justifications de dépenses. Toutes les pièces qui établissent le droit et la liquidation de la créance se réuniraient dans les archives du ministre ordonnateur, par les soins et entre les mains d'un commis d'ordre ou d'un garçon de bureau qui les enliasserait soigneusement. Ce mode *simplifié* aurait le précieux avantage de *sim-*

plifier le travail de la cour des comptes? Débarrassée du soin de reconnaître la bonne justification et la liquidation régulière des dépenses, cette cour n'aurait plus qu'à pointer des mandats quittancés et à vérifier des additions; un tel ordre de choses *simplifierait* singulièrement la question de la *responsabilité des ministres* en matière de concussion; en un mot, le compte de chaque département ministériel se réduirait à la publication annuelle d'un gros volume imprimé qui serait remis aux chambres, et qu'elles admettraient de confiance, comme *déclaration* fidèle et *preuve* incontestable de l'emploi légitime et régulier des deniers de l'état. On ne leur refuserait pas toutefois la faculté de se faire communiquer les pièces restées en dépôt aux archives des ministères; enfin les comptes des ministres deviendraient un ouvrage très-simple, dans lequel l'imprimerie royale n'aurait pas la part la moins difficile.

Agréez, etc.

SIMPLEX, *ancien directeur*

des comptes.

Extrait de la 13e. livraison de la Boussole.

27 Février, 1819.

FINANCES.

A M. SIMPLEX, ANCIEN DIRECTEUR DES COMPTES.

Paris, ce 23 Février, 1819.

J'AI lu, monsieur, votre lettre du 20 février, dans le *Journal général* du 22 du même mois; quoique votre badinage ne soit pas très-léger, il est préférable à l'humeur chagrine du *vieux payeur d'armée* (*Journal général* du 4 février); mais en vérité, vous méritez, ainsi que lui, le reproche de ne pas lire attentivement (je pourrais dire de ne pas comprendre) ce que vous critiquez. Relisez, je vous prie, les articles de la *Boussole*, du *Journal Général* et du *Journal de Paris*, qui soumettent quelques idées sur la *Comptabilité ministérielle*, vous y verrez que partout le maintien des payeurs y est formellement consacré; que l'organisation de cette classe distincte de comptables n'éprouve aucun changement; que chaque payeur conserve le service réuni de tous les ministères dans son arrondissement; et qu'enfin la seule modification, en ce qui les concerne, consiste à *accélérer et simplifier* leur libération. Cet ordre de choses, comme vous voyez, n'influe pas sur le sort des payeurs; ils continuent à retirer à l'appui des mandats et quittances de paiement, les pièces justificatives de dépenses; mais la remise qu'ils en font, tous les mois, à l'agent comptable de chaque ministère, décharge promptement leur responsabilité, et la replace près de l'ordonnateur qui, ayant liquidé et fait payer une dépense, doit en pousser la justification à son dernier terme. Votre cerveau, M. Simplex, a seul pu enfanter le projet d'entasser en dépôt, dans les archives du ministre ordonnateur, toutes les pièces justificatives des dépenses payées sur ses ordonnances, et de réduire le compte d'emploi des fonds de son budjet à la publication d'un volume imprimé, distribué aux chambres. Qui a pu jamais imaginer de telles absurbités? En vous répondant en même-temps qu'au *vieux payeur*, on est fort embarrassé, car vous combattez l'un et l'autre pour la même cause par des moyens diamétralement opposés; je ne puis que vous engager tous deux à lire l'extrait ci-après du *Journal Général* du 21 janvier.

« On ne peut qu'applaudir à l'idée de créer dans chaque
» ministère un agent comptable soumis à un cautionnement,
» chargé non pas d'effectuer les paiemens à Paris, et dans
» les environs, ports et départemens (comme le dit l'auteur
» de l'article de la sixième livraison de la *Boussole*); mais de

» retirer des mains des payeurs du trésor, les acquits de paie-
» ment, et d'en former, avec les pièces justificatives de dépenses,
» un compte général dans la forme du budjet. Cet article ferait
» penser que le gouvernement est d'accord sur deux questions
» importantes qui depuis long-temps étaient restées indécises :
» 1°. que la justification de la dépense doit être inhérente au
» paiement, et que les pièces que prouvent l'un et l'autre ne
» doivent pas rester divisées entre l'ordonnateur et le payeur;
» 2°. que le compte sur pièces, que chaque ministre rend (par
» l'entremise de son agent comptable), doit être soumis au ju-
» gement de la cour des comptes : ce corps de haute magistra-
» ture, rétabli dans ses importantes attributions, sanction-
» nera par son témoignage imposant, et affirmera sur preuves
» matérielles la vérité des comptes présentés annuellement
» aux chambres, ainsi que l'emploi légitime et régulier des
» deniers de l'état. »

Vos plaisanteries pourraient paraître fort bonnes si, comme vous devez en être convaincu, M. Simplex, elle ne portaient à faux ; vous feriez mieux de quitter le ton ironique d'une amère critique qui s'exerce sur des fictions, de bien étudier la question, et de prendre part à la discussion d'un projet qu'on n'impose pas aux ministres, mais qu'on leur présente comme digne de leur attention. Doit-on craindre de leur déplaire en leur indiquant les bases d'une bonne organisation et quelques moyens d'économie ? La voie des journaux est pour eux la moins importune; elle est pour tous plus accessible que le cabinet des ministres, d'ailleurs elle est ouverte à une franche et libre controverse ; et si un plan est reconnu bon et d'une facile exécution, les ministres l'adopteront quel qu'en soit l'auteur, sans lui reprocher ou de les avoir pénétrés, ou de leur avoir suggéré des idées utiles.

Recevez, etc.

Signé LEFRANC,

ANCIEN COMPTABLE.

[illegible]